PLUS DE FAILLITES

A QUOI SERVENT LES FAILLITES

1° A faire gagner le Gouvernement ;
2° A faire perdre les Créanciers ;
3° A enrichir les Hommes d'affaires ;
4° A ruiner les honnêtes Gens.

PAR H. VINCENT

PRIX : 75 CENTIMES

ANGERS
IMPRIMERIE A. DEDOUVRES
1880

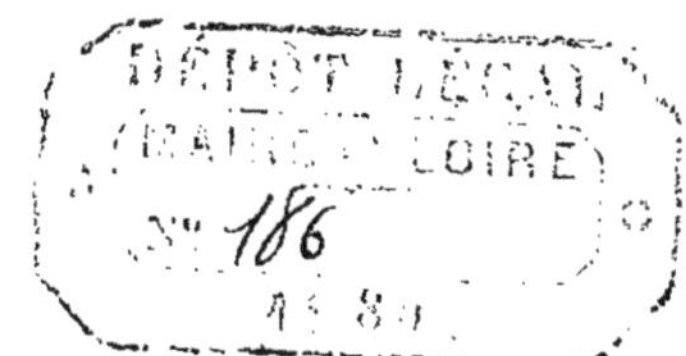

PLUS DE FAILLITES

A QUOI SERVENT LES FAILLITES

1° A faire gagner le Gouvernement ;
2° A faire perdre les Créanciers ;
3° A enrichir les Hommes d'affaires ;
4° A ruiner les honnêtes Gens.

PAR H. VINCENT

PRIX : 75 CENTIMES

ANGERS

IMPRIMERIE A. DEDOUVRES

1880

A quoi servent les Faillites ?

1° Les faillites sont profitables au Gouvernement par l'emploi du timbre ;

2° Elles ouvrent rapidement aux créanciers même la route qui conduit à la faillite et leur fait perdre beaucoup d'argent ;

3° Elles enrichissent surtout les syndics et autres hommes d'affaires, pour qui elles sont le principal moyen d'existence, en spéculant sur tous les points de vue imaginables, sur l'infortune du malheureux failli ;

4° Enfin, la faillite est la ruine entière de l'honnête homme.

C'est une grande vérité ! Car quand la gêne commence à se mettre dans vos affaires commerciales, les oiseaux de proie commencent à s'abattre sur vous ; ils vous sucent goutte à goutte le peu de ressources qui vous restent ; et, après avoir tout sacrifié, après vous être imposé toutes sortes de privations et avoir employé tous les moyens honnêtes pour surmonter une crise commerciale qui n'est que momentanée, il faut quand même arriver fatalement à une catastrophe, je veux dire à une faillite.

Qui vous y a conduit? Les hommes d'affaires.

Dans l'intérêt de qui?

Dans leur intérêt personnel, au détriment des créanciers, leurs clients, et au vôtre; mais peu leur importe; ce qui est malheur pour vos créanciers et pour vous devient bonheur et profit pour eux, qui ne trouvent jamais que l'heure de la faillite résonne assez souvent et assez vite à leurs oreilles; vous en comprenez le motif.....

Quel avantage peut avoir un Créancier à faire déclarer la Faillite

Un créancier qui poursuit son débiteur en déclaration de faillite, en ordonnant à un homme d'affaires ces sortes de poursuites, prouve son peu de lumière et de jugement en affaire de jurisprudence; il compromet tout juste ses intérêts et ceux de la masse entière, et devrait surtout, avant d'exercer ses poursuites, se bien renseigner sur l'honnêteté, la moralité et l'aptitude de son client; car ces qualités offrent presque toujours des garanties plus sérieuses qu'une faible et apparente solvabilité.

Pour obtenir ces renseignements, il devrait s'adresser à un correspondant intègre, et par là même incapable de dénaturer des renseignements pour les faire tourner à son avantage et avoir lieu d'instrumenter.

S'il est de notoriété publique que le débiteur est un honnête homme, qu'il a de l'aptitude pour son commerce, mais que pour des motifs indépendants de sa volonté il éprouve un moment de gêne dans ses affaires, pourquoi alors ne pas aviser à des arrangements à l'amiable, afin de ne pas briser à tout jamais l'avenir d'un homme peut-être père de famille, qui est rempli d'honneur et de probité?

Pourquoi, dis-je, classer l'honnête homme dans la catégorie des banqueroutiers frauduleux?

Messieurs les négociants, qui ne savez pas ce que vous pouvez être appelés à devenir, réfléchissez-y! et remarquez que je ne fais allusion ici qu'à l'honnête homme.

A qui profitent les avantages d'une Faillite

Ainsi que je l'ai déjà avancé, la faillite ne profite qu'aux hommes d'affaires et non aux créanciers, en ce sens que les premiers ne demandent qu'à faire la plus grande consommation possible de papier timbré pour protêts, assignations, jugements, significations, commandements, saisies, etc. En résumé, messieurs les hommes d'affaires, dans le but de sauvegarder les intérêts de leurs clients, ne manquent pas, lorsqu'il s'agit d'encaisser une modique somme de cinquante francs, de faire au débiteur pour cent francs de frais, et tout cela, à leur dire, dans l'intérêt des clients, qui ne veulent pas attendre.

En vérité, de telles manœuvres ne paraissent pas croyables; c'est cependant l'exacte vérité, démontrée chaque jour.

Enfin l'heure fatale est arrivée! Vous êtes déclaré en faillite. Le tribunal de commerce nomme un syndic. Le soir même, monsieur le juge de paix du canton, accompagné de son greffier, vient faire l'apposition des scellés, et fermer pour toujours votre magasin.

L'apposition des scellés coûte fort cher, mais c'est toujours dans l'intérêt des créanciers qu'on la pratique.

Huit jours plus tard, messieurs le syndic, le juge de paix, le greffier et différents experts procèdent machinalement à l'inventaire de votre actif, mais cela tout doucement afin d'augmenter autant que possible le nombre de leurs vacations ; car, dans ce métier, ce n'est pas comme dans bien d'autres, plus on va doucement, plus on gagne d'argent ; mais c'est toujours dans l'intérêt des créanciers. Du reste, tant pis pour eux, notre affaire avant tout, disent ces messieurs.

Allons, messieurs les créanciers, vous avez voulu la faillite, ne vous plaignez donc pas ; ces messieurs font plusieurs vacations et travaillent dans vos intérêts, vous n'y perdrez sans doute pas pour attendre, car ils travaillent bien sérieusement ; mais si je ne me trompe, le fruit de leur labeur sera bien certainement pour eux et non pour vous, qui ne pouvez assister à de telles opérations.

Comment se fait-il que les Créanciers perdent quand l'actif est supérieur au passif

Dans bon nombre de faillites l'actif balance le passif et quelquefois le dépasse en valeur, reposant en marchandises, matériel, mobilier, etc., etc. La valeur est réelle, elle existe. Le failli a confiance en l'avenir, il rêve un concordat; il a été honnête, il espère.

Hélas! espoir, vain espoir.

L'inventaire se fait, la marchandise est estimée à des prix dérisoires, dont la totalité couvre à peine le quart de votre passif; vous n'avez pas mot à dire; on vous répondrait infailliblement que la vente ne se monterait même pas au prix d'estimation; et quelquefois même le syndic ajoute qu'il craint lui-même de ne pas être payé des avances qu'il a pu faire, lui privilégié, et qu'il lui est impossible de vous donner à vous, pauvre failli, les ressources utiles pour subvenir aux besoins de votre famille!

D'où vient donc ce déficit de l'actif au passif? Il vient d'abord de ce que la marchandise est toujours, dans un inventaire de faillite, estimée à cinquante pour cent au-dessous de sa valeur réelle; ensuite, que l'agencement d'une maison de commerce, revenant toujours à fort cher, est estimé presque pour rien. Enfin, qu'il y a en premier lieu à prélever sur l'actif au moins quarante pour cent pour frais de faillite et privilèges; tout ceci sans que le véritable créancier n'en touche rien.

Donc qu'il est facile de comprendre que, dans une faillite où l'actif balance le passif, les créanciers ne touchent à peu près rien, et que l'on peut en conclure qu'ils y perdent beaucoup, et que le failli est ruiné, tout en possédant quelquefois plus qu'il ne doit.

Les Syndics sont incapables de juger une situation ou de leur rapport sur l'état d'une Faillite.

Demander au bout de quelques jours un rapport du syndic sur la situation commerciale du failli, et quelles en sont les causes, c'est demander l'impossible ; car ce n'est pas dans quelques jours qu'un syndic qui n'est point commerçant, qui n'a même aucune notion de ce que peuvent être les difficultés commerciales, peut donner aux créanciers un rapport exact sur les causes qui ont pu motiver la faillite, mais étant forcé d'agir il en fait un, si absurde qu'il ne ressemble en rien à la vérité, et qui dans son entier ne donne aucune idée juste de la situation.

Les motifs qu'il invoque pour avoir causé la catastrophe sont des plus baroques ; car on pourrait lui fournir vingt preuves contre une qu'il ne sait ce qu'il dit ; mais un failli doit être muet, tout entendre et ne rien dire.

Parfois même, vu certains articles du Code, monsieur le syndic vous trouve sous le coup de quatre ou cinq délits, qui tous peuvent vous être infligés. Si bien que, si vous n'aviez l'intime certitude d'être un honnête homme, vous finiriez très promptement par être certain, d'après lui, que vous êtes un grand criminel. De là il faut conclure : que les syndics sont incapables de juger une situation, puisque, à leur point de vue, vous avez forfait à tous vos devoirs, et que, tout en étant très honnête, ils savent, d'après leur expérience, vous trouver frauduleux.

Il faut convenir avec peine que les syndics sont des hommes inutiles pour le bien, mais très utiles pour la démoralisaion et la désorganisation commerciale ; mais il faut qu'ils vivent !

L'honnête homme passe souvent pour le plus malhonnête

En effet, d'après certains de ces messieurs, l'honnête commerçant, qui a sacrifié jusqu'à sa dernière obole pour faire en sorte de ne point succomber à la faillite, est considéré comme un misérable, puisqu'il n'a plus rien, puisqu'il est forcé pour vivre d'avoir recours aux secours que peut lui donner le syndic de la faillite, et Dieu sait quels sont les secours qui lui sont donnés ! A peine de quoi avoir du pain pour empêcher de mourir sa petite famille ; un mendiant qui a le courage d'invoquer ostensiblement des secours aux passants est plus heureux : mais vous êtes pauvre, et c'est tout dire, peu importe à ces messieurs que vous ayez été honnête, ils ne savent vous dire qu'une chose : c'est que vous faites perdre vos créanciers.

Ils s'occupent fort peu de savoir si vous, commerçant ruiné à tout jamais, vous ne perdez pas plus que ces derniers.

Ah ! si par hasard vous avez été ce qu'ils appellent intelligent ; c'est-à-dire si, avant de faire faillite, vous avez eu soin de faire votre part, c'est une autre affaire ; dans ce cas, ils sont à vos ordres, ils vont au-devant de ce qui pourrait vous être agréable ; parce qu'ils savent parfaitement qu'avec l'argent qui, soi-disant, vient de votre famille ou d'ailleurs, vous pouvez reprendre les affaires, ou du moins tout arranger pour le mieux ; vous avez de l'argent que vous avez soustrait à vos créanciers : mais vous êtes un roué, ils vous trouvent intelligent..... Enfin, vous avez éprouvé des malheurs, mais ils vous reste de l'argent ; alors tout le monde vous estime, même vos créanciers à qui vous l'avez volé. Donc, qu'à leurs yeux qui dit riche dit honnête, et qui dit pauvre dit le contraire.

Du Concordat

Quand enfin, au bout de trois mois, tous ces messieurs ont bien pris leurs aises et leur temps, fait maintes réunions inutiles lorsqu'une seule aurait pu suffire pour tout traiter, on juge à propos que vous demandiez votre concordat. On vous fixe la date fatale; tout doit se terminer à cette importante réunion ; c'est une erreur; car, parmi les hommes d'affaires qui représentent vos créanciers, il s'en trouve toujours quelques-uns qui, pour un motif ou pour un autre, s'abstiennent d'y assister, se souciant fort peu que vous ayez ou non un concordat, ils restent indifférents. Donc, si à cette première réunion vous avez obtenu une majorité, tant mieux pour vous, vous aurez encore une quinzaine de jours de plus à espérer.

Cette quinzaine écoulée, la dernière réunion a lieu; si vous avez votre concordat par les suffrages de vos créanciers, qui nécessairement vous reconnaissent réellement un honnête homme, tout va bien; mais si, cependant, après avoir tout sacrifié, pour ne pas tomber en faillite, vous vous trouvez sans ressources et que vous ne puissiez payer les frais de faillite qui, je vous jure, ne sont pas petits, ou encore quelques termes arriérés dus à vos propriétaires, oh ! alors tout va mal, et l'homologation de votre concordat n'a pas lieu, il est tout bonnement, au bout de huit jours, annulé de plein droit ; toujours d'après les lois de ces messieurs.

A quoi servent alors les suffrages exprimés par les créanciers, si un syndic a le droit d'entraver leur volonté, toujours soi-disant dans l'intérêt de ses clients ? C'est une manière assurément bien originale et déloyale de défendre les intérêts de son client.

Avouez-le donc franchement, monsieur le syndic, ne serait-ce pas plutôt vos intérêts personnels que vous cherchez à conserver, plutôt que les leurs ?

Encore une fois, messieurs les syndics et compagnie, vous êtes des gens plus qu'inutiles ; vous devenez nuisibles et dangereux.

Il faut encore ajouter ceci, c'est que le concordat ne s'applique jamais aux pauvres et honnêtes commerçants, mais bien à ceux qui ont des ressources, quelqu'en soit leur provenance.

S'il est quelque chose d'incompréhensible et d'infâme en pareille circonstance, c'est assurément la manière dont s'applique le concordat. Soyez honnête, mais n'ayez aucune ressource, vous ne pouvez l'obtenir, et vous êtes pour cela condamné à vie à ne jamais pouvoir vous établir ni acheter quoi que ce soit en votre nom; vous êtes en un mot mort pour la société.

Le concordat devrait en toute justice être accordé à tous les honnêtes gens, quelles que soient leurs ressources, et la prison devrait être la demeure de tous ceux qui ont failli frauduleusement. Ici, pas d'équivoque ; ou vous êtes honnête, ou vous êtes voleur, telle devrait être la conclusion d'une faillite; mais malheureusement la conclusion est celle-ci : pauvre tu es, pauvre tu resteras.

La suppression des Faillites serait un avantage réel pour les Créanciers et les débiteurs.

S'il est une chose utile, sur laquelle le Gouvernement et les grands législateurs devraient fixer leur attention, c'est assurément sur les lois commerciales. Existe-t-il quelque chose de plus stupide, de plus baroque, de moins invraisemblable que le Code commercial relativement aux faillites? Assurément non, et de tous les articles qui traitent de la faillite, il n'en est pas un seul qui soit à l'avantage des créanciers ; tous tendent à l'avantage des hommes d'affaires.

Il me semble cependant que le pays a nommé, comme représentant ses intérêts commerciaux, un certain nombre d'industriels qui devraient être aptes à découvrir les abus qui existent dans la procédure des faillites, et devraient, avec un peu de bonne volonté, trouver un moyen pour obvier à cet état de chose qui ruine et les débiteurs et les créanciers.

Allons, messieurs les députés, trève un instant aux honneurs pour faire place aux intérêts de vos mandants, et vous justifierez par là de la confiance qu'ils vous ont accordée ; une plus longue indifférence sur cette matière tromperait l'attente d'un grand nombre d'honnêtes travailleurs, et cette question ne peut plus rester à néant.

Ces réformes sont très simples et faciles à admettre. Supprimez la faillite, et que tout honnête commerçant se trouvant dans une position gênée fasse appel à ses créanciers par l'intermédiaire des tribunaux pour arrêter ses paiements pendant un certain laps de temps, pendant lequel il mettrait tout en œuvre pour surmonter équitablement la crise qu'il traverse, provoquée souvent par un grand encombrement de marchandises et trop peu de vente, ou tous autres motifs analogues ; qu'il lui soit accordé un délai de paiement, et il sortira honorablement de cette position critique.

Dans le cas encore où le débiteur verrait l'impossibité de parer à cette gêne et de pouvoir continuer ses affaires dans des conditions heureuses, alors, avec l'autorisation du tribunal, il éviterait la faillite par l'autorisation d'une liquidation qu'il ferait lui-même ; liquidation qui serait surveillée, non par un syndic, mais par un caissier sérieux et responsable de ses actes, lequel serait nommé par le tribunal.

Ces caissiers seraient choisis de préférence dans les anciens employés d'administration, où ils ont fait preuve d'honnêteté pendant vingt-cinq à trente ans. Pas une ville n'existe sans avoir dans son sein de ces honnêtes serviteurs qui ne demanderaient pas mieux, afin d'augmenter leur faible traitement, qu'à entrer comme caissiers surveillants aux appointements de cent francs par mois. (Ce caissier serait responsable de l'emploi inutile des fonds.)

Par ce système, plus de faillite, plus de maison de commerce fermée, plus de syndic, plus d'apposition des scellés, plus de honte pour les honnêtes gens qui n'ont pas réussi, et cinquante pour cent de bénéfice pour les créanciers.

Quand cette liquidation serait terminée, que les créanciers auraient touché presque intégralement le montant de leur créance, qu'ils auraient enfin la ferme conviction que leur débiteur est un honnête homme, qu'arriverait-il?

Il arriverait ceci : c'est que sur cent débiteurs, il y en aurait quatre-vingt-dix que les créanciers commanditeraient, et qui arriveraient la seconde fois à la prospérité au lieu de tomber, comme l'exigent les suites d'une faillite, dans la profonde misère.

J'ai avancé que les créanciers toucheraient, dans ce mode de procédé, cinquante pour cent de plus et je le maintien avec preuves. Il est reconnu par tous les négociants que le syndic, dans une faillite, prélève pour ses honoraires et frais divers trente pour cent ; il est aussi reconnu que dans une vente forcée, comme elle se fait actuellement en cas de faillite, les marchandises perdent cinquante pour cent de leur valeur réelle. Total quatre-vingts pour cent de perte !

En admettant que le caissier contrôleur et le débiteur dépensent pendant la liquidation trente pour cent, il reste donc cinquante pour cent de bénéfice pour les créanciers qui n'existeraient pas si la faillite avait eu lieu.

Donc, la suppression de la faillite est urgente pour l'intérêt des créanciers et du débiteur ; ensuite, dans un intérêt de haute morale pour la société.

Il est à souhaiter que les gens à qui incombe cette charge s'en occupent sérieusement et promptement, ils acquerront par ce moyen les sympathies de toutes les classes laborieuses du pays.

AUTRE PROJET

Bourses nationales de secours mutuels entre commerçants. Quels en seraient les avantages.

Si le monde commerçant pouvait apprécier le mérite des ouvriers pour leur fondation de Sociétés philanthropiques qui existent dans toutes les villes, et les avantages que ces derniers en tirent, les commerçants, dis-je, prendraient bientôt l'initiative d'organiser entre eux une bourse de secours dite nationale, dans les conditions suivantes :

Dans chaque ville, canton ou commune, il y aurait une commission composée de plusieurs membres, qui feraient eux-mêmes partie de la Société. Cette commission serait chargée d'accepter oui ou non les Sociétaires, et d'en percevoir les versements à la fin de chaque mois.

Ces fonds seraient, par les commissions, envoyés régulièrement à un siège départemental qui serait le chef-lieu du département, et placés par une assemblée spéciale de surveillance, assemblée qui serait nommée par un vote général de toutes les commissions du département.

Ces fonds serviraient à secourir chaque commerçant ou ouvrier qui se trouverait dans un moment de gêne, moyennant qu'il serait reconnu honnête et que l'on verrait la possibilité d'éviter une catastrophe.

Dans le cas où la catastrophe ou liquidation forcée (car il ne s'agit plus de faillite) aurait lieu, et que le débiteur serait sans ressources, la Société de secours devrait immédiatement déléguer un membre parmi chaque commission de l'arrondissement du débiteur et l'envoyer, en Assemblée générale, siéger au tribunal de commerce de ce ressort, afin qu'à cette réunion il soit accordé au débiteur des secours suffisants pour qu'il puisse se tirer de cette triste situation, et pouvoir, si bon lui semble ou si les secours accordés le lui permettent, reprendre son commerce dans la mesure de ses forces.

Les avantages de cette bourse nationale seraient qu'il n'y aurait plus de commerçants et ouvriers sans ressources, plus de misères, plus de démoralisation dans la société.

Que serait-ce, en effet, pour un commerçant, pour un ouvrier établi, de verser par an une moyenne de vingt-cinq francs, somme suffisante pour donner à chaque malheur un rayon de bonheur.

Avis à messieurs les grands négociants ! Ici l'occasion est belle pour eux de prouver leur degré de philanthropie.

L'auteur de ce petit opuscule n'ayant en vue que le bien général, ose espérer qu'ils n'y failliront pas.

www.ingramcontent.com/pod-product-compliance
Ingram Content Group UK Ltd.
Pitfield, Milton Keynes, MK11 3LW, UK
UKHW021042260726
13994UKWH00005B/2322

9 782329 167503